Die schönsten Kindergeschichten von Wilhelm Busch

gondolino

ISBN 978-3-8112-3350-8
1. Auflage 2014
© gondolino GmbH, Bindlach 2014
Printed in Poland

Der Umwelt zuliebe gedruckt auf chlorfrei gebleichtem Papier.

www.gondolino.de

Inhalt

Max und Moritz

Eine Bubengeschichte in sieben Streichen
von Wilhelm Busch

Vorwort

Ach, was muss man oft von bösen
Kindern hören oder lesen!

Wie zum Beispiel hier von diesen,
Welche Max und Moritz hießen.

Die, anstatt durch weise Lehren
Sich zum Guten zu bekehren,
Oftmals noch darüber lachten
Und sich heimlich lustig machten.

Ja, zur Übeltätigkeit,
Ja, dazu ist man bereit!
Menschen necken, Tiere quälen,
Äpfel, Birnen, Zwetschgen stehlen –
Das ist freilich angenehmer
Und dazu auch viel bequemer,
Als in Kirche oder Schule
Festzusitzen auf dem Stuhle.

Aber wehe, wehe, wehe,
Wenn ich auf das Ende sehe!!

Ach, das war ein schlimmes Ding,
Wie es Max und Moritz ging.
Drum ist hier, was sie getrieben,
Abgemalt und aufgeschrieben.

Erster Streich

Mancher gibt sich viele Müh'
Mit dem lieben Federvieh;

Einesteils der Eier wegen,
Welche diese Vögel legen,

Zweitens: Weil man dann und wann
Einen Braten essen kann;

Drittens aber nimmt man auch
Ihre Federn zum Gebrauch,
In die Kissen und die Pfühle,
Denn man liegt nicht gerne kühle.

Seht, da ist die Witwe Bolte,
Die das auch nicht gerne wollte.

Ihrer Hühner waren drei
Und ein stolzer Hahn dabei.

Max und Moritz dachten nun:
Was ist hier jetzt wohl zu tun?

Ganz geschwinde, eins, zwei, drei,
Schneiden sie sich Brot entzwei,
In vier Teile, jedes Stück,
Wie ein kleiner Finger dick.
Diese binden sie an Fäden,
Übers Kreuz, ein Stück an jeden,
Und verlegen sie genau
In den Hof der guten Frau.

Kaum hat dies der Hahn gesehen,
Fängt er auch schon an zu krähen:
Kikeriki! Kikikerikih!!
Tak, tak, tak! – da kommen sie.

Hahn und Hühner schlucken munter
Jedes ein Stück Brot hinunter.

Aber als sie sich besinnen,
Konnte keines recht von hinnen.

In die Kreuz und in die Quer
Reißen sie sich hin und her,

Flattern auf und in die Höh',
Ach herrje, herrjemine!

Ach, sie bleiben an dem langen
Dürren Ast des Baumes hangen.
Und ihr Hals wird lang und länger,
Ihr Gesang wird bang und bänger.

Jedes legt noch schnell ein Ei,
Und dann kommt der Tod herbei.

Witwe Bolte in der Kammer
Hört im Bette diesen Jammer.

Ahnungsvoll tritt sie heraus,
Ach, was war das für ein Graus!

„Fließet aus dem Aug', ihr Tränen!
All mein Hoffen, all mein Sehnen,
Meines Lebens schönster Traum
Hängt an diesem Apfelbaum!!"

Tief betrübt und sorgenschwer
Kriegt sie jetzt das Messer her;
Nimmt die Toten von den Strängen,
Dass sie so nicht länger hängen,

Und mit stummem Trauerblick
Kehrt sie in ihr Haus zurück.

Dieses war der erste Streich,
Doch der zweite folgt sogleich.

Zweiter Streich

Als die gute Witwe Bolte
Sich von ihrem Schmerz erholte,
dachte sie so hin und her,
Dass es wohl das Beste wär',
Die Verstorb'nen, die hienieden
Schon so frühe abgeschieden,
Ganz im Stillen und in Ehren
Gut gebraten zu verzehren.

Freilich war die Trauer groß,
Als sie nun so nackt und bloß
Abgerupft am Herde lagen,
Sie, die einst in schönen Tagen,
Bald im Hofe, bald im Garten,
Lebensfroh im Sande scharrten.

Ach, Frau Bolte weint aufs Neu,
Und der Spitz steht auch dabei.

Max und Moritz rochen dieses.
„Schnell aufs Dach gekrochen!", hieß es.

Durch den Schornstein mit Vergnügen
Sehen sie die Hühner liegen,
Die schon ohne Kopf und Gurgeln
Lieblich in der Pfanne schmurgeln.

Eben geht mit einem Teller
Witwe Bolte in den Keller,
Dass sie von dem Sauerkohle
Eine Portion sich hole,
Wofür sie besonders schwärmt,
Wenn es wieder aufgewärmt.

Unterdessen auf dem Dache
Ist man tätig bei der Sache.
Max hat schon mit Vorbedacht
Eine Angel mitgebracht.
Schnuppdiwupp! Da wird nach oben
Schon ein Huhn heraufgehoben.

Schnuppdiwupp! Jetzt Numro zwei.
Schnuppdiwupp! Jetzt Numro drei.

Und jetzt kommt noch Numro vier:
Schnuppdiwupp! Dich haben wir!!
Zwar der Spitz sah es genau,
Und er bellt: Rawau! Rawau!

Aber schon sind sie ganz munter
Fort und von dem Dach herunter.

Na! Das wird Spektakel geben,
Denn Frau Bolte kommt soeben.
Angewurzelt stand sie da,
Als sie nach der Pfanne sah.

Alle Hühner waren fort –
„Spitz!" – das war ihr erstes Wort.

„Oh, du Spitz, du Ungetüm!!
Aber wart! Ich komme ihm!!"

Mit dem Löffel, groß und schwer,
Geht es über Spitzen her.
Laut ertönt sein Wehgeschrei,
Denn er fühlt sich schuldenfrei.

Max und Moritz im Verstecke
Schnarchen aber an der Hecke.
Und vom ganzen Hühnerschmaus
Guckt nur noch ein Bein heraus.

Dieses war der zweite Streich,
Doch der dritte folgt sogleich.

Dritter Streich

Jedermann im Dorfe kannte
Einen, der sich Böck benannte.

Alltagsröcke, Sonntagsröcke,
Lange Hosen, spitze Fräcke,
Westen mit bequemen Taschen,
Warme Mäntel und Gamaschen –
Alle diese Kleidungssachen
Wusste Schneider Böck zu machen.
Oder wäre was zu flicken,
Abzuschneiden, anzustücken,
Oder gar ein Knopf der Hose
Abgerissen oder lose –

Wie und wo und was es sei,
Hinten, vorne, einerlei –
Alles macht der Meister Böck,
Denn das ist sein Lebenszweck.
Drum so hat in der Gemeinde
Jedermann ihn gern zum Freunde.
Aber Max und Moritz dachten,
Wie sie ihn verdrießlich machten.

Nämlich vor des Meisters Hause
Floss ein Wasser mit Gebrause.

Übers Wasser führt ein Steg
Und darüber geht der Weg.

Max und Moritz, gar nicht träge,
Sägen heimlich mit der Säge,
Ritzeratze! Voller Tücke,
In die Brücke eine Lücke.

Als nun diese Tat vorbei,
Hört man plötzlich ein Geschrei:

„He, heraus! Du Ziegen-Böck!
Schneider, Schneider, meck, meck, meck!"

Alles konnte Böck ertragen,
Ohne nur ein Wort zu sagen.
Aber wenn er dies erfuhr,
Ging's ihm wider die Natur.

Schnelle springt er mit der Elle
Über seines Hauses Schwelle,
Denn schon wieder ihm zu Schreck
Tönt ein lautes: „Meck, meck, meck!"

Und schon ist er auf der Brücke.
Kracks! Die Brücke bricht in Stücke.

Wieder tönt es: „Meck, meck, meck!"
Plumps! Da ist der Schneider weg!

Grad als dieses vorgekommen,
Kommt ein Gänsepaar geschwommen,

Welches Böck in Todeshast
Krampfhaft bei den Beinen fasst.
Beide Gänse in der Hand,
Flattert er auf trockenes Land.

Übrigens bei alledem
Ist so etwas nicht bequem;

Wie denn Böck von der Geschichte
Auch das Magendrücken kriegte.

Hoch ist hier Frau Böck zu preisen!
Denn ein heißes Bügeleisen,
Auf den kalten Leib gebracht,
Hat es wieder gut gemacht.

Bald im Dorf hinauf, hinunter,
Hieß es: Böck ist wieder munter!!

Dieses war der dritte Streich,
Doch der vierte folgt sogleich.

Vierter Streich

Also lautet ein Beschluss:
Dass der Mensch was lernen muss.
Nicht allein das A-B-C
Bringt den Menschen in die Höh';
Nicht allein im Schreiben, Lesen
Übt sich ein vernünftig Wesen;
Nicht allein in Rechnungssachen
Soll der Mensch sich Mühe machen;
Sondern auf der Weisheit Lehren
Muss man mit Vergnügen hören.

Dass dies mit Verstand geschah,
War Herr Lehrer Lämpel da.

Max und Moritz, diese beiden,
Mochten ihn darum nicht leiden;
Denn wer böse Streiche macht,
Gibt nicht auf den Lehrer acht.

Nun war dieser brave Lehrer
Von dem Tabak ein Verehrer,
Was man ohne alle Frage
Nach des Tages Müh und Plage
Einem guten alten Mann
Auch von Herzen gönnen kann.

Max und Moritz, unverdrossen,
Sinnen aber schon auf Possen,
Ob vermittelst seiner Pfeifen
Dieser Mann nicht anzugreifen.

Einstens, als es Sonntag wieder
Und Herr Lämpel, brav und bieder,
In der Kirche mit Gefühle
Saß vor seinem Orgelspiele,

Schlichen sich die bösen Buben
In sein Haus und seine Stuben,
Wo die Meerschaumpfeife stand;
Max hält sie in seiner Hand;

Aber Moritz aus der Tasche
Zieht die Flintenpulverflasche,
Und geschwinde, stopf, stopf, stopf!,
Pulver in den Pfeifenkopf.

Jetzt nur still und schnell nach Haus,
Denn schon ist die Kirche aus.
Eben schließt in sanfter Ruh'
Lämpel seine Kirche zu;
Und mit Buch und Notenheften,
Nach besorgten Amtsgeschäften,
Lenkt er freudig seine Schritte
Zu der heimatlichen Hütte,

Und voll Dankbarkeit sodann,
zündet er sein Pfeifchen an.
„Ach!" – spricht er – „die größte Freud'
Ist doch die Zufriedenheit!!"

Rums!! – da geht die Pfeife los
Mit Getöse, schrecklich groß.
Kaffeetopf und Wasserglas,
Tabaksdose, Tintenfass,
Ofen, Tisch und Sorgensitz,
Alles fliegt im Pulverblitz.

Als der Dampf sich nun erhob,
Sieht man Lämpel, der – gottlob!
Lebend auf dem Rücken liegt;
Doch er hat was abgekriegt.

Nase, Hand, Gesicht und Ohren
Sind so schwarz als wie die Mohren,
Und des Haares letzter Schopf
Ist verbrannt bis auf den Kopf.

Wer soll nun die Kinder lehren
Und die Wissenschaft vermehren?
Wer soll nun für Lämpel leiten
Seine Amtestätigkeiten?
Woraus soll der Lehrer rauchen,
Wenn die Pfeife nicht zu brauchen?
Mit der Zeit wird alles heil,
Nur die Pfeife hat ihr Teil.

Dieses war der vierte Streich,
doch der fünfte folgt sogleich.

Fünfter Streich

Wer in Dorfe oder Stadt
Einen Onkel wohnen hat,
Der sei höflich und bescheiden,
Denn das mag der Onkel leiden.
Morgens sagt man: „Guten Morgen!
Haben Sie was zu besorgen?"
Bringt ihm, was er haben muss:
Zeitung, Pfeife, Fidibus.
Oder sollt' es wo im Rücken
Drücken, beißen oder zwicken,
Gleich ist man mit Freudigkeit
Dienstbeflissen und bereit.
Oder sei's nach einer Prise,
Dass der Onkel heftig niese,
Ruft man: „Prosit!" allsogleich,
„Danke, wohl bekomm' es Euch!"
Oder kommt er spät nach Haus,
Zieht man ihm die Stiefel aus,
Holt Pantoffel, Schlafrock, Mütze,
Dass er nicht im Kalten sitze.
Kurz, man ist darauf bedacht,
Was dem Onkel Freude macht.

Max und Moritz ihrerseits
Fanden darin keinen Reiz.
Denkt euch nur, welch' schlechten Witz
Machten sie mit Onkel Fritz!

Jeder weiß, was so ein Mai-
Käfer für ein Vogel sei.
In den Bäumen hin und her
Fliegt und kriecht und krabbelt er.

Max und Moritz, immer munter,
Schütteln sie vom Baum herunter.

In die Tüte von Papiere
Sperren sie die Krabbeltiere.

Fort damit und in die Ecke
Unter Onkel Fritzens Decke!

Bald zu Bett geht Onkel Fritze
In der spitzen Zippelmütze;
Seine Augen macht er zu,
Hüllt sich ein und schläft in Ruh.

Doch die Käfer, kritze, kratze!
Kommen schnell aus der Matratze.

Schon fasst einer, der voran,
Onkel Fritzens Nase an.

„Bau!!" schreit er. „Was ist das hier?!!"
Und erfasst das Ungetier.

Und den Onkel, voller Grausen,
Sieht man aus dem Bette sausen.

„Autsch!!" – Schon wieder hat er einen
Im Genicke, an den Beinen;

Hin und her und rundherum
Kriecht es, fliegt es mit Gebrumm.

Onkel Fritz, in dieser Not,
Haut und trampelt alles tot.

Guckste wohl! Jetzt ist's vorbei
Mit der Käferkrabbelei!!

Onkel Fritz hat wieder Ruh'
Und macht seine Augen zu.

Dieses war der fünfte Streich,
Doch der sechste folgt sogleich.

Sechster Streich

In der schönen Osterzeit,
Wenn die frommen Bäckersleut'
Viele süße Zuckersachen
Backen und zurechtemachen,
Wünschten Max und Moritz auch
Sich so etwas zum Gebrauch.

Doch der Bäcker, mit Bedacht,
Hat das Backhaus zugemacht.

Also, will hier einer stehlen,
Muss er durch den Schlot sich quälen.

Ratsch!! Da kommen die zwei Knaben
Durch den Schornstein, schwarz wie Raben.

Puff! Sie fallen in die Kist',
Wo das Mehl darinnen ist.

Da! Nun sind sie alle beide
Rundherum so weiß wie Kreide.

Aber schon mit viel Vergnügen
Sehen sie die Brezeln liegen.

Knacks! Da bricht der Stuhl entzwei.
Schwapp! Da liegen sie im Brei.

Ganz von Kuchenteig umhüllt,
Stehn sie da als Jammerbild.

Gleich erscheint der Meister Bäcker
Und bemerkt die Zuckerlecker.
Eins, zwei, drei! – Eh man's gedacht,
Sind zwei Brote draus gemacht.

In dem Ofen glüht es noch.
Ruff!! – damit ins Ofenloch!

Ruff!! – Man zieht sie aus der Glut,
Denn nun sind sie braun und gut.

Jeder denkt: „Die sind perdu!"
Aber nein! – Noch leben sie.

Knusper, knasper! – Wie zwei Mäuse
Fressen sie sich durchs Gehäuse.

Und der Meister Bäcker schrie:
„Ach herrje! Da laufen sie!"

Dieses war der sechste Streich,
Doch der letzte folgt sogleich.

Letzter Streich

Max und Moritz, wehe euch!
Jetzt kommt euer letzter Streich!

Wozu müssen auch die beiden
Löcher in die Säcke schneiden?

Seht, da trägt der Bauer Mecke
Einen seiner Maltersäcke.

Aber kaum, dass er von hinnen,
Fängt das Korn schon an zu rinnen.

Und verwundert steht und spricht er:
„Zapperment! Dat Ding wird lichter!"

Hei! Da sieht er voller Freude
Max und Moritz im Getreide.
Rabs!! – In seinen großen Sack
Schaufelt er das Lumpenpack.

Max und Moritz wird es schwüle,
Denn nun geht es nach der Mühle.

„Meister Müller, he, heran!
Mahl' er das, so schnell er kann!"

„Her damit!!" Und in den Trichter
Schüttelt er die Bösewichter.

Rickeracke! Rickeracke!
Geht die Mühle mit Geknacke.

Hier kann man sie noch erblicken,
Fein geschroten und in Stücken.

Doch sogleich verzehret sie
Meister Müllers Federvieh.

Schluss

Als man dies im Dorf erfuhr,
War von Trauer keine Spur.

Witwe Bolte, mild und weich,
Sprach: „Sieh da, ich dacht' es gleich!"
„Ja, ja, ja!" rief Meister Böck,
„Bosheit ist kein Lebenszweck!"
Drauf so sprach Herr Lehrer Lämpel:
„Dies ist wieder ein Exempel!"
„Freilich", meint der Zuckerbäcker,
„Warum ist der Mensch so lecker?!"
Selbst der gute Onkel Fritze
Sprach: „Das kommt von dumme Witze!"
Doch der brave Bauersmann
Dachte: „Wat geiht meck dat an?!"

Kurz, im ganzen Ort herum
Ging ein freudiges Gebrumm:
„Gott sei Dank! Nun ist's vorbei
Mit der Übeltäterei!!"

Hans Huckebein, der Unglücksrabe

Hier sieht man Fritz, den muntern Knaben,
Nebst Huckebein, dem jungen Raben.

Und dieser Fritz, wie alle Knaben,
will einen Raben gerne haben.
Schon rutscht er auf dem Ast daher.
Der Vogel, der misstraut ihm sehr.

Schlapp! macht der Fritz von seiner Kappe
Mit Listen eine Vogelklappe.
Beinahe hätt er ihn! Doch ach!
Der Ast zerbricht mit einem Krach.
In schwarzen Beeren sitzt der Fritze,
der schwarze Vogel in der Mütze.

Der Knabe Fritz ist schwarz betupft.
Der Rabe ist in Angst und hupft.
Der schwarze Vogel ist gefangen,
Er bleibt im Unterfutter hangen.

„Jetzt hab' ich dich, Hans Huckebein!
Wie wird sich Tante Lotte freun!"

Die Tante kommt aus ihrer Tür.
„Ei" spricht sie, „welch ein gutes Tier!"
Kaum ist das Wort dem Mund entflohn,
Schnapp! hat er ihren Finger schon.
„Ach!" ruft sie, „er ist doch nicht gut!
Weil er mir was zuleide tut!!"

Hier lauert in des Topfes Höhle
Hans Huckebein, die schwarze Seele.
Den Knochen, den er Spitz gestohlen,
Will dieser jetzt sich wiederholen.
So ziehn mit Knurren und Gekrächz,
Der eine links, der andre rechts.

Schon denkt der Spitz, dass er gewinnt,
Da zwickt der Rabe ihn von hint'.
O weh! Er springt auf Spitzens Nacken,
Um ihn die Haare auszuzwacken.
Der Spitz, der ärgert sich bereits
Und rupft den Raben seinerseits.

Derweil springt mit dem Schinkenbein
Der Kater in den Topf hinein.
Da sitzen sie und schaun und schaun.
Dem Kater ist nicht sehr zu traun.
Der Kater hackt den Spitz, der schreit,
Der Rabe ist voll Freudigkeit.

Schnell fasst er, weil der Topf nicht ganz,
Mit schlauer List den Katerschwanz.
Es rollt der Topf. Es krümmt vor Quale
Des Katers Schweif sich zur Spirale.
Und Spitz und Kater fliehn im Lauf.
Der größte Lump bleibt obenauf!!

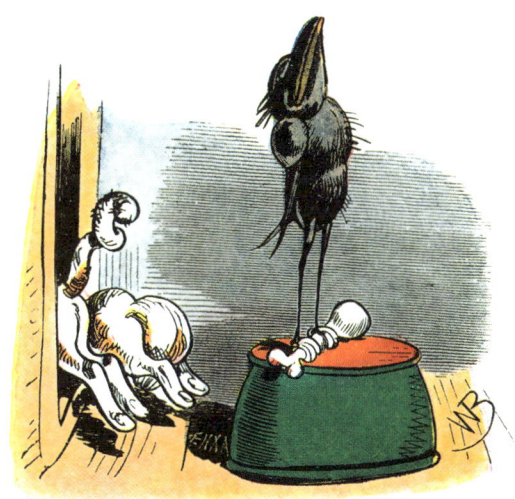

Nichts Schönres gab's für Tante Lotte
Als schwarze Heidelbeerkompotte.
Doch Huckebein verschleudert nur
Die schöne Gabe der Natur.
Die Tante naht voll Zorn und Schrecken;
Hans Huckebein verlässt das Becken.

Und schnell betritt er, angstbeflügelt,
Die Wäsche, welche frisch gebügelt.
O weh! Er kommt ins Tellerbord;
Die Teller rollen rasselnd fort.
Auch fällt der Korb, worin die Eier –
Ojemine! – und sind so teuer!

Patsch! fällt der Krug. Das gute Bier
Ergießt sich in die Stiefel hier.
Und auf der Tante linken Fuß
Stürzt sich des Eimers Wasserguss.

Sie hält die Gabel in der Hand,
Und auch der Fritz kommt angerannt.
Perdums! da liegen sie. – Dem Fritze
Dringt durch das Ohr die Gabelspitze.
Dies wird des Raben Ende sein –
So denkt man wohl – doch leider nein!

Denn – schnupp! – der Tante Nase fasst er;
Und nochmals triumphiert das Laster.

Jetzt aber naht sich das Malheur,
Denn dies Getränke ist Likör.
Es duftet süß. Hans Huckebein
Taucht seinen Schnabel froh hinein.

Und lässt mit stillvergnügtem Sinnen
Den ersten Schluck hinunterrinnen.
Nicht übel! Und er taucht schon wieder
Den Schnabel in die Tiefe nieder.
Er hebt das Glas und schlürft den Rest,
Weil er nicht gern was übrig lässt.

Ei, ei! Ihm wird so wunderlich,
So leicht und doch absunderlich.
Er krächzt mit freudigem Getön
Und muss auf einem Beine stehn.
Der Vogel, welcher sonsten fleucht,
Wird hier zu einem Tier, das kreucht.

Und Übermut kommt zum Beschluss,
Der alles ruinieren muss.
Er zerrt voll roher Lust und Tücke
Der Tante künstliches Gestricke.
Der Tisch ist glatt – der Vogel taumelt –
Das Ende naht – sieh da! Er baumelt!

„Die Bosheit war sein Hauptpläsier,
Drum“, spricht die Tante, „hängt er hier!“

Das Pusterohr

Hier sitzt Herr Bartelmann im Frei'n,
Und taucht sich eine Brezel ein.

Der Franz mit seinem Pusterohr
Schießt Bartelmann ans linke Ohr.

Ei, Zapperment – so denkt sich der,
Das kam ja wohl von unten her!
Doch nein, denkt er, es kann nicht sein!
Und taucht die Brezel wieder ein.

Und, witsch, getroffen ist die Brezen,
Herrn Bartelmann erfasst Entsetzen.

Und, witsch, jetzt trifft die Kugel gar
Das Aug', das sehr empfindlich war.

Sodass dem braven Bartelmann
Die Träne aus dem Auge rann.

Ei, Zapperment, so denkt sich der,
Das kommt ja wohl von oben her!

Aujau! Er fällt, denn mit Geblase
Schießt Franz den Pfeil ihm in die Nase.

Da denkt Herr Bartelmann: Aha!
Dies spitze Ding, das kenn ich ja!
Und freudig kommt ihm der Gedanke:
Der Franz steht hinter dieser Planke!

Und, flapp! schlägt er mit seinem Topf
Das Pusterohr tief in den Kopf!

Drum schieß mit deinem Püsterricht
Auf keine alten Leute nicht!

Die kühne Müllerstochter

Es heult der Sturm, die Nacht ist graus,
Die Lampe schimmert im Müllerhaus.

Da schleichen drei Räuber wild und stumm
Husch, husch! Pist, pist! ums Haus herum.
Die Müllertochter spinnt allein.
Drei Räuber schaun zum Fenster herein.

Der zweite will Blut, der dritte will Gold,
Der erste, der ist dem Mädel hold.

Und als der erste steigt herein,
Da hebt das Mädchen den Mühlenstein.

Und – patsch! – der Räuber lebt nicht mehr,
Der Mühlstein druckt ihn gar zu sehr.

Doch schon erscheint mordgierig-heiter
Und steigt durchs Loch der Räuber Zweiter.

Ha! Hu! – Er ist, eh er's gewollt,
Wie Rollenknaster aufgerollt.

Jetzt aber naht mit kühnem Schritte
Voll Goldbegierigkeit der dritte.
Schnapp! – ist der Hals ihm eingeklommen.
Er stirbt, weil ihm die Luft benommen.

So starben die drei ganz unverhofft.
O Jüngling! Da schau her!
So bringt ein einzig Mädchen oft
Drei Männer ins Malheur!!!